JULES FROELICH

L'ESPRIT ALSACIEN

PARIS

LIBRAIRIE BERGER-LEVRAULT

5-7, Rue des Beaux-Arts

MCMXVIII

L'Esprit alsacien

L'ESPRIT ALSACIEN

*Cet opuscule est la reproduction, legè-
rement amplifiée, d'une causerie faite à
la Société Erckmann-Chatrian, à Nancy,
salle Blondlot, le 30 septembre 1917.*

JULES FROELICH

L'ESPRIT ALSACIEN

PARIS

LIBRAIRIE BERGER-LEVRAULT

5-7, Rue des Beaux-Arts

MCMXVIII

L'ESPRIT ALSACIEN

Avant tout, mon devoir est de dissiper l'appréhension qu'a pu faire naître en vous l'étiquette de mon sujet, qui est : *L'Esprit alsacien*. Cela pourrait fort bien être le titre d'une redoutable dissertation littéraire. Mais rassurez-vous. Je n'ai disposé, pour une œuvre aussi prétentieuse — du moins en ce qui me concerne — ni du temps, qui m'est limité, ni des documents nécessaires, puisque nous sommes encore séparés de la terre d'Alsace. Je me contenterai tout simplement de condenser de mémoire, sur cette vaste matière, les notions que j'ai pu acquérir au cours des années, en les étayant de quelques souvenirs personnels. Et si, là-dessus, vous voulez bien m'accorder que j'aurai réussi à vous faire ce qu'on appelle une petite causerie, mon ambition sera plus que satisfaite. Cela me prouvera que je ne vous aurai point par trop ennuyés.

Cependant, permettez-moi d'aller au-devant d'une déception possible. Le titre même, *L'Esprit alsacien*, pourrait tout aussi bien vous faire admettre que je me dispose à vous débiter un chapelet de petites anecdoctes, de mots pour rire, de contes amusants destinés à caractériser l'humour spécial des Alsaciens. Mais je dois avouer tout de suite que j'ai cru devoir renoncer à cette manière facile de remplir une conférence, et me borner, sous ce rapport, au strict nécessaire.

En voici la raison : puisqu'il s'agit de l'esprit alsacien, vous ne vous attendez pas qu'il puisse être question de l'esprit des Alsaciens parlant ou écrivant en français. Vous en éprouveriez même une déception, et, d'ailleurs, mon cadre s'en trouverait par trop élargi. Ce qu'il vous importe de connaître, c'est la mentalité du peuple alsacien, la mentalité de ceux qui, tout en n'employant pas le français comme leur langue courante, n'en sont pas moins nos fidèles, loyaux et très patriotiques concitoyens et frères français. Ils l'ont été et ils le sont depuis deux cents ans ; ils le sont restés à travers le demi-siècle de domination boche, et nous les retrouverons tels, après que notre prochain coup de balai les aura tous rendus à leur vraie patrie et leur permettra d'exprimer de nouveau, librement, leur ardent amour pour la France.

Et c'est dans leur savoureux et énergique dialecte alsacien qu'ils nous l'exprimeront, au moins le petit peuple, les paysans, les ouvriers, les habitants des villages et des bourgades. Car, pour ce qui est des citadins, de la classe dirigeante, des bourgeois et même des petits bourgeois, non seulement ils n'ont pas désappris le français, mais le nombre de ceux d'entre eux qui parlent notre langue s'est sensiblement accru, au cours du régime tyrannique et intolérant de l'Administration allemande.

Et voilà déjà qui caractérise à merveille la mentalité alsacienne, essentiellement frondeuse.

— Ah ! vous nous défendez de parler le français ? Eh bien ! exprès, nous le parlerons.

C'est une magnifique illustration de la théorie du moindre effort. Il fallait un stimulant qui, en l'espèce, consistait dans la satisfaction de faire enrager les Boches. L'Administration française, extrêmement bienveillante, n'avait jamais interdit aux Alsaciens l'usage de leur langue natale, elle n'y avait jamais apporté la moindre entrave. Aussi, quelle en fut la conséquence ?

Ceux-là seuls se donnèrent la peine d'apprendre convenablement la langue française, à qui elle pouvait être profitable : les négociants, les industriels, les candidats fonctionnaires, en un mot, les habitants des centres importants. Quant au peuple, paysans et ouvriers, petits commerçants des campagnes, tous gens qui n'avaient à traiter d'affaires qu'entre eux, à quoi bon se donner la peine d'apprendre une autre langue ? Ils s'en sont tenus à la leur, qui leur suffisait amplement — jusqu'à nouvel ordre, bien entendu. Mais ce nouvel ordre se présentait bien rarement pour la plupart d'entre eux, de sorte que les seuls Alsaciens du peuple qui parlassent le français n'étaient guère que les soldats rentrés après leur congé et les domestiques ayant servi dans les maisons bourgeoises.

C'est donc de l'esprit alsacien exprimé en dialecte alsacien que j'ai à vous entretenir, et, si je renonce à vous l'illustrer au moyen d'anecdotes et de bons mots, c'est à cause de la grande difficulté qu'il y a d'en rendre le sel par la traduction. C'est, en quelque sorte, un mets qui demande à être consommé sur place. Transporté au loin, il perd la moitié de son goût, de sa saveur, de son piquant. Alors, quelle est la conséquence? Le jeu de mots, la boutade racontée par un Alsacien à d'autres Alsaciens provoque des éclats de rire, et cette même boutade, traduite en une autre langue, ne rencontrera que des marques de complaisance; on sourit de confiance, sans qu'il y ait plus grand motif, et, vous le comprenez, rien n'est plus décourageant, plus décevant pour un conteur. Il vaut donc mieux s'en abstenir dans la mesure du possible.

Ou bien encore, comme les meilleurs mots sont ceux qui se répandent le plus, le conteur risque de se trouver devant un auditoire qui le voit venir dès qu'il entame son anecdote, et l'effet est non moins fatalement raté.

Il vaut donc mieux, réciproquement, que je me borne à vous citer quelques exemples typiques dont je sois certain que le sel ne se perdra point par la traduction, et, pour plus de sûreté encore, que je ne vous serve, autant que possible, que de l'inédit.

Après cette précaution oratoire, si j'ose m'exprimer ainsi, nous pouvons entrer en matière.

En parlant de l'esprit alsacien, on admet donc qu'il existe un esprit particulier au peuple d'Alsace, et c'est effectivement le cas. Cet esprit particulier réside précisément dans sa langue populaire, qui est naturellement le produit du milieu; affaire de climat, d'alimentation, de mœurs et habitudes dérivées des conditions d'existence.

Je vous parlais tout à l'heure de la tolérance française en matière de langue, tolérance qui contraste si heureusement avec l'insupportable tyrannie allemande. Pourtant, à un certain moment, l'Administration française eut quelque velléité de réprimer l'usage de l' « allemand », je veux dire de l'allemand tel qu'on le parle en Alsace. Ce fut un four : l'Alsacien tient à son dialecte. Il opposa la force d'inertie, et l'Administration n'insista pas.

C'était en 1857, l'année où, de l'école maternelle, je venais d'entrer dans la neuvième du Gymnase, à Strasbourg.

Par une belle matinée, notre professeur entre dans la classe, et ses premières paroles sont :

— Mes chers enfants, à partir d'aujourd'hui, ceux qu'on pincera, soit ici, soit dans la rue, à parler en allemand au lieu de parler en français, auront chaque fois un pensum.

Aussitôt, l'un des élèves les plus âgés lève la main et demande :

— Et si nous parlons en bon allemand ?

En entendant cette question, nous restâmes d'abord un peu silencieux ; mais tout à coup, la classe entière partit d'un éclat de rire... Parler en bon allemand !... quelle idée baroque ! Et notre professeur de rire avec nous et de répondre :

— Ah ! ceci est une autre question. Ceux qui s'entretiendront en bon allemand, non seulement ne seront pas punis, mais ils recevront au contraire une bonne récompense.

C'est donc qu'on ne visait pas du tout le bon allemand, l'allemand littéraire, mais seulement l'allemand strasbourgeois. Et cela nous fit de la peine, car, comme chacun sait, l'allemand de Strasbourg serait la plus belle langue du monde, s'il n'y avait pas l'allemand... de Berne.

Je dois cependant avouer que nul d'entre nous ne se soucia de cette

interdiction, malgré ses visées de raf-
finement, et qu'après comme avant,
nous nous servions de notre allemand
strasbourgeois, chaque fois qu'il s'a-
gissait de dire une cocasserie. D'ailleurs, huit jours après, personne n'y
pensait plus, tout restait comme par le
passé, et aucun de nous n'attrapa jamais de pensum... Ni de récompense
non plus, du reste.

Quel contraste avec les odieuses
persécutions exercées par les Allemands contre l'usage de la langue
française en Alsace et qui s'étend
jusqu'aux inscriptions sur les tombes !

Je disais que nous aimions à nous
servir de la langue indigène pour dire
nos drôleries. En effet, le dialecte
alsacien est essentiellement une langue facétieuse, et je me suis souvent
demandé comment s'y prennent les
gens du peuple, quand ils ont à s'entretenir de choses sérieuses. Cela tient

à la nature plantureuse du pays.
L'Alsace est une contrée d'une fécondité prodigieuse. Toutes les bonnes
choses y poussent à foison, et notamment la vigne, qui donne toutes
sortes de bons vins, depuis le pétillant pinard, jusqu'aux grands crus
dont la renommée s'étend au loin et
qui soutiennent avantageusement la
comparaison avec les plus fameux vins
du Rhin et de la Moselle. L'Alsace
est donc un pays de vignoble, et
c'est un point d'une importance réelle
pour la compréhension de la mentalité de ses habitants.

L'Alsacien est d'un tempérament
exubérant, surtout dans le Haut-Rhin,
où précisément le vin est plus abondant. Il parle généralement avec animation et il élève facilement la voix.
Quand il est en plein dans son sujet,
la voix ne lui suffit même plus, et il
l'accompagne volontiers du geste de
ses mains. Entrez, le dimanche, dans
une brasserie alsacienne; vous y entendez une rumeur assourdissante, qui

— 17 —

vous oblige à crier vous-même, si vous voulez vous faire comprendre de votre voisin. Aussi est-ce là un sujet d'étonnement pour tous nos poilus cantonnés dans les territoires déjà reconquis ; ils comparent spontanément les Alsaciens à nos Méridionaux, et ce n'est pas sans raison qu'ils les appellent les Gascons du Nord.

C'est là un phénomène ethnographique souvent invoqué par ceux qui affirment que l'Alsacien est un Celte et non point un Germain. La prétention, sans doute, est un peu exagérée. Le Français de l'intérieur, de nos jours, n'ayant lui-même plus le droit de se considérer comme un Celte pur de tout mélange, à plus forte raison n'en peut-il être question pour l'Alsacien, que le voisinage de l'Allemagne, dans la suite des siècles, a forcément plus ou moins influencé ; mais non pas au point d'autoriser l'Allemand à le revendiquer comme un frère.

Ce n'est, provisoirement, que sur le sol reconquis du Haut-Rhin qu'il nous est possible d'apprécier directement le tempérament alsacien, c'est-à-dire dans la partie de l'Alsace qui produit ce qu'on peut appeler les têtes chaudes. Plus au nord, dans le département du Bas-Rhin, les esprits sont d'apparence plus posée, plus froide, plus calme. D'apparence seulement, car partout le fond alsacien reste le même. Kléber est né à Strasbourg, et l'histoire ne nous dit pas qu'il ait été d'un sens plus rassis que, par exemple, Rapp, de Colmar, le joyeux aide de camp de Napoléon, ou que Lefèvre, duc de Dantzig, qui, bien que né à Rouffach, fut une nature certainement plus grave que le fougueux vainqueur d'Héliopolis.

En somme, l'habitant de la Basse-Alsace ne se distingue de son frère de la Haute-Alsace que par un parler un peu plus lent et une attitude moins spontanée, plus réfléchie, de même que, dans le nord, l'accent devient

moins vif, moins saccadé, un peu
plus traînant. Mais, quelle que soit
la latitude, les affinités psychiques
incontestables de la race alsacienne
persistent, restent partout les mêmes
et se distinguent en tout cas très net-
tement de celles des provinces envi-
ronnantes.

Il suffit d'ailleurs de traverser le
pays de Bade pour constater l'énorme
différence qui existe entre les deux
races. Elle est incontestablement
moindre entre le Gascon et l'Alsacien,
qu'entre l'Alsacien et son voisin le
Badois. Celui-ci est un être gauche et
empoté en comparaison de l'Alsacien.
Et si la craniométrie ne suffit pas à
vous convaincre, observez les extré-
mités, et de préférence chez les
femmes. L'Alsacienne, même la cam-
pagnarde, a généralement des mains
petites, et la jambe fine, avec des
pieds qui ont rarement quelque chose

de phénoménal, comme c'est le cas chez les Badoises. Celles-ci ont, de plus, un visage d'une expression nulle et des manières empruntées, même dans la bourgeoisie, sans cette animation, ces manières avenantes qui font le charme de la population alsacienne jusque dans les moindres bourgades.

Les Allemands, du reste, portent la peine du régime politique qu'ils se sont donné et qu'ils subissent depuis des siècles. Ne cherchons pas midi à quatorze heures : ils sont courbés sous le joug de l'absolutisme de leurs souverains et de leurs hobereaux ; forcément ils portent les stigmates qui en sont la conséquence.

L'Alsace, au contraire, a été pendant longtemps un pays de splendide anarchie. Elle avait bien aussi ses seigneurs, et en quantité. Mais les populations eurent l'énergie de s'en débarrasser. Les guerres victorieuses des Strasbourgeois avec leurs évêques sont célèbres dans les annales de la province, de même que la fameuse Décapole, cette ligue entre dix villes d'Alsace contre la noblesse qu'elles ont fini par expulser. Par contre, le régime municipal parvint à se développer partout avec une remarquable vigueur, de sorte qu'en fin de compte, l'Alsace finit par être transformée presque partout en une fédération de véritables petites républiques.

Et c'est là ce qui fait ataviquement la fierté de l'attitude de l'Alsacien, et entre autres et notamment de l'Alsacien des grandes villes. A cet égard, la réponse que fit à Charles X le célèbre ciseleur strasbourgeois Kirstein est typique. Le Roi, qui avait le mot pour rire, ayant remarqué l'accent de Kirstein, lui demanda :

— Vous êtes Alsacien, Monsieur *Kirstain* ?

Et celui-ci de lui répondre du tac au tac :

— Oui, Sire, et *che* m'en flatte.

C'est dans ce peuple né démocrate, et dont l'âme se surélève dans la passion de la liberté, que les Allemands croyaient pouvoir compter sur une affluence d'amateurs de despotisme !

Les libertés municipales de l'Alsace ne laissèrent pas que d'exercer une influence bienfaisante et d'un effet tout particulier sur sa vie littéraire. Les auteurs alsaciens étaient eux-mêmes des libéraux de naissance, du moins en grande majorité. Ils comprenaient la vie tout autrement que les Allemands, et par les idées qu'ils exprimaient dans leurs œuvres ils se rapprochaient sensiblement de celles de leurs confrères français. C'est ainsi que déjà vers l'époque où les fastes littéraires de la France se glorifiaient de Rabelais et de Montaigne, l'Alsace pouvait leur opposer deux noms qui n'étaient pas moins illustres.

Au quinzième siècle, ils avaient Sébastien Brandt (1458-1521), de Strasbourg, dont la *Nef des Fous*, rédigée en latin, eut un retentissement mondial et fut traduite en toutes les langues. C'est une magistrale satire de tous les vices de l'humanité.

Un autre auteur satirique fut, au seizième siècle, Jean Fischart (1545-1614), également de Strasbourg, mais que les Allemands revendiquent comme étant né à Mayence. En tout cas, il passa sa vie en Alsace, et c'est l'essentiel. Fischart est un poëte abondant et même surabondant, et un satirique échevelé. Ne s'avisa-t-il pas de traduire Rabelais, tout en l'adaptant au goût de ses compatriotes ! Et cette adaptation est un chef-d'œuvre, au point que les Allemands, naturellement, proclament le *Gargantua* de Fischart comme supérieur à celui de Rabelais. Nous pouvons leur laisser tranquillement cette satisfaction, qui aurait fait sourire notre grand maître du rire lui-même.

Enfin, le fécond Fischart a fait des

œuvres réussies, et toutes ses œuvres réussies, et les seules qu'il ait réussies, sont du domaine de la satire. Cette note, la note comique, traverse comme un chaînon toute l'histoire de la littérature alsacienne. On y retrouve la satire et la tournure comique chez tous les auteurs saillants, depuis le temps de Brandt et de Fischart jusqu'à nos jours. On rencontre même cette note chez les auteurs graves quand ils éprouvent le besoin de se soulager un peu de leur tâche professionnelle.

C'est ainsi que, à titre d'exemple, nous pouvons mentionner, avant de quitter les temps reculés, parmi les épigrammes latines de l'humaniste Thomas Vogler, dit Aucuparius, ce quatrain qui ne manque pas de saveur, car il montre qu'alors déjà l'Allemand n'inspirait pas précisément de la sympathie à l'Alsacien :

Souabe, qui chez nous viens pour fixer tes pas,
Attiré par l'amour de nos doux vins d'Alsace,
Respecte notre accent. ne nous le corromps pas,
Mais tâche d'oublier la langue de ta race.

Donc, Thomas Vogler, natif d'Obernai et mort à Strasbourg en 1532, n'était pas sans avoir remarqué que les « Souabes », les Schwobs — les Boches de l'époque — avaient une tendance prononcée à se fixer en Alsace, et qu'au lieu d'y vivre bien modestement et de respecter notre accent, ils cherchaient déjà, absolument comme de nos jours, à convertir les Alsaciens à leurs mœurs et à leurs manières de voir.

❦

Quoi d'étonnant, si les Alsaciens réagissaient à leur façon et s'ils usaient envers les Allemands de la terrible arme qui leur est si familière : la satire. C'est tout ce que valaient ces généralement pitoyables adversaires.

Il semble bien que ce soit à cette époque que remonte le sobriquet de *Gälfüssler*, Pied-Jaune, que les Alsaciens donnent aux habitants du pays de Bade. Le paysan badois voulant aller vendre ses denrées à Strasbourg, avait plus d'œufs que n'en pouvait contenir son panier. Très avisé, il monte sur celui-ci, et avec ses pieds il tasse les œufs qui s'y trouvaient, jusqu'à ce qu'il y eût la place nécessaire pour loger le reste. Il paraît que les Badois n'ont pas encore, à l'heure qu'il est, compris le sel de cette plaisanterie.

Du reste, pour l'Alsacien, le Badois n'est pas un Allemand, c'est un Aschkenès, ou plutôt, tous les Allemands sont des Aschkenès, mot hébreu qui prouve que le juif alsacien professe pour le Boche le même mépris que ses compatriotes chrétiens.

Ce mépris a sa très sérieuse raison d'être ; il est fondé sur la légitime appréhension des Alsaciens pour tout ce qui est allemand, pour tout ce qui leur vient des Allemands, dont l'esprit fourbe, intrigant et chicanier, est redouté de tous leurs voisins.

Aussi ai-je entendu souvent répéter, à Strasbourg, et bien avant 1870, ce cruel dicton : « Tant qu'au monde il restera un seul Schwob, le monde ne sera pas tranquille. » Et j'ai assisté maintes fois à des joutes académiques, consistant à trouver le moyen le plus pratique et le plus expéditif d'assurer au monde sa tranquillité à jamais définitive. Les Strasbourgeois voyaient donc les choses de loin, puisque, cinquante ans après, le monde entier en est à se poser exactement le même problème.

Cette clairvoyance leur a inspiré maints aphorismes dont on ne peut pas dire qu'ils manquent de mordant. J'en citerai deux au hasard, qui, bien entendu, ne sortent pas précisément des couches populaires, mais n'en sont pas moins typiques :

« Quand la bêtise est de naissance, elle est incurable, et c'est pourquoi la tactique allemande en est restée à la ruée par masses, selon le principe sans doute plus que bimillénaire que leur a légué, ou plutôt transmis Attila. »

Et celui-ci, plus lapidaire :

« La Kultur allemande a pour spécialité la contrefaçon des inventions et des signatures. »

Car les Alsaciens ont l'ironie dans le sang et ils l'exercent avec maîtrise. C'est une preuve de plus de leur différence de race par rapport aux peuplades d'outre-Rhin, qui ne savent pas la pratiquer et, pour cette raison, l'ont en instinctive horreur.

Parmi les œuvres des temps plus récents, nous pouvons citer le *Lundi de Pentecôte*, la charmante comédie de Charles-Daniel Arnold (1780-1829), autre Strasbourgeois, parue en 1816 et qui faisait l'admiration de Goethe. C'est une fête pour les Strasbourgeois, quand on leur donne une reprise de cette pièce en cinq actes et en alexandrins de leur idiome, et qui est, elle aussi, une satire, toute bienveillante, cependant, des mœurs bourgeoises de la ville.

Vers la même époque, ou plutôt à partir de la seconde moitié du dix-huitième siècle, parut la série des *Bavardages de Commères*, dont plusieurs sont de petits chefs-d'œuvre littéraires. Tous ces bavardages sont écrits en alexandrins strasbourgeois, et tous, comme le *Lundi de Pentecôte*, s'occupent des mœurs de la population, maîtres et domestiques. Extrêmement caustiques, spirituels toujours, souvent « dans les mots ils bravent l'honnêteté ».

Au cours du dix-neuvième siècle se sont succédé quantité d'auteurs du terroir, parmi lesquels on peut relever maints poètes comiques et satiriques. Les principaux d'entre eux, les plus

originaux et les plus spirituels, sont :
Daniel-Ehrenfried Stoeber(1779-1835),
Charles - Frédéric Hartmann (1788 -
1864) et Charles Bernhard (1815-
1864), tous les trois de Strasbourg.
Dans le Haut-Rhin il convient de citer
le charmant poéte A. Lustig (1840-
1908), qui s'est servi de l'idiome mul-
housien, bien que né à Hartmanns-
willer, le village auquel la présente
guerre vaut une gloire impérissable.

Toute cette pléiade d'auteurs alsaciens du dix-neuviéme siécle s'est
distinguée par un patriotisme français
des plus ardents, sans préjudice cependant d'un amour plus intime pour
sa petite patrie alsacienne. Il est à
remarquer que ceux d'entre ces
poétes qui ont vécu au commence-
ment du siécle ont été à la fois de
fanatiques bonapartistes et de bons
républicains, ce qui, à l'époque, pouvait parfaitement se concilier. Quant
aux germanophiles, ils brillaient par
leur absence, ou, du moins, chez quel-
ques-uns les sentiments allemands ne

dépassent pas une vague sympathie littéraire, ce qui, au point de vue politique, ne tire à conséquence sous aucun rapport.

Bien des auteurs alsaciens ont, naturellement, rédigé leurs œuvres en langue française et ont ajouté ainsi le sel gaulois au sel alsacien. Tel Charles Gérard, avocat à la cour d'appel de Colmar, qui est mort à Nancy en 1877. Son *Ancienne Alsace à table*, pétillante d'esprit, est un digne pendant de la *Physiologie du Goût* de Brillat-Savarin.

Tel encore Maurice Engelhard (1820-1891), avocat strasbourgeois, que Gambetta nomma préfet à Angers après le Quatre-Septembre. Dans ses *Souvenirs d'Alsace*, principalement consacrés à la chasse et à la pêche, il a su donner maints coups de griffe aux envahisseurs de son pays natal.

Citons encore, parmi les auteurs alsaciens contemporains, le joyeux dramaturge Gustave Stoskopf, de Brumath, qui a fait tant de comédies en langue alsacienne, parmi lesquelles *Monsieur le Maire* est la plus connue et la plus souvent représentée. Ses pièces sont presque toutes des satires, dont la pointe est discrètement dirigée contre les Allemands. Mais l'auteur a le grave tort de ménager en quelque sorte la chèvre et le chou : pour oser ridiculiser les Boches, il tourne trop volontiers en ridicule aussi ses compatriotes alsaciens. Cette sage précaution lui a valu la décoration de l'ordre d'un aigle de je ne sais plus quelle classe ni de quelle couleur.

Enfin, pour nous borner, terminons cette énumération écourtée d'illustrations littéraires alsaciennes en citant deux maîtres du rire devenus extrêmement populaires, tant comme écri-

vains que comme caricaturistes : Hansi,
de Colmar, et Zislin, de Mulhouse. Ce
sont les Erckmann-Chatrian de la satire
alsacienne, tellement leurs noms sont
difficilement séparables, bien qu'ils tra-
vaillent d'une manière tout indépen-
dante. Mais ils ont fourni, et ils four-
niront encore, une carrière identique.
Tous deux officiers dans l'armée française depuis la guerre, ils sont décorés,
eux, de la Légion d'honneur, juste dé-
dommagement des tribulations qu'ils
ont souffertes antérieurement en Alsace, où, avec une grande force de
caractère, ils ont combattu pendant
des années le bon combat pour la cause
française. Cela leur a valu à chacun
des mois de prison.

Hansi, pour sa part, a eu la gloire
de créer le type immortel du professeur Knatschke, symbole impérissable
du pangermaniste féroce, aussi vivant,
en son genre, que Don Quichotte, que
Gil Blas, que Figaro, qui, pour notre
imagination, ont cessé depuis longtemps d'être des créatures imaginaires.

Hansi, comme Zislin, du reste, s'amuse à battre les victimes de sa verve étincelante par leurs propres armes. S'identifiant à ses personnages, il a adopté très exactement leur langue, et c'est de l'allemand pangermaniste, aux duretés si outrées, qu'il se sert pour leur faire dire les énormités les plus déconcertantes. D'autre part, de son crayon extrèmement consciencieux, il les dessine très fidèlement d'après nature, et il obtient ainsi des portraits d'une ressemblance étonnante et qui, par cela même, sont des caricatures grotesques. Zislin, de son côté, a procédé de même dans son journal illustré *Dur's Elsass*, dont le dernier numéro a paru à Mulhouse dans la semaine de la déclaration de guerre.

Et ils sont arrivés ainsi à un résultat bien amusant ; l'Allemand se voit si bien imité par eux, dans leur style et dans leurs dessins, qu'il ne parvient pas du tout à les trouver spirituels : il les déclare médiocres écrivains et médiocres artistes. Ce qui, d'ailleurs, n'a pas empêché ces mêmes Allemands de mettre leurs têtes à prix, après que Hansi, aussi bien que Zislin, eurent eu la précaution de se soustraire, en juillet 1914, à leur implacable rancune. Il était bien temps !

La carrière militaire n'a pas empêché les deux délicieux artistes de continuer en France leur lutte impitoyable contre la mentalité boche. De Hansi et de Zislin, nous voyons, aux devantures des librairies, des livres, des estampes, des cartes postales illustrées. La dernière manifestation de Zislin est le superbe album qui porte son nom : l'*Album Zislin*, images satiriques de guerre. Jamais l'artiste n'a déployé plus de malice, d'ironie cinglante, souvent de dramatique émotion, que dans ces illustrations jetées d'une main leste, avec leurs légendes qui font tantôt éclater l'indignation, tantôt fuser le rire.

A propos du parler pangermanique de Hansi, je puis vous citer un souvenir personnel. Vous vous rappelez certainement le délire enfantin qui s'était emparé de toute la nation allemande, à partir du jour où elle avait cru trouver, dans les zeppelins, l'engin providentiel qui à lui seul devait la mettre à même de conquérir le monde entier. « L'Allemagne au-dessus de tout. »

Or, en l'année 1908, l'une de ces colossales bulles de savon nickelées donnait aux Boches le spectacle impressionnant de ses balades à travers l'Allemagne. Un jour, entre autres, le 14 juillet — comme par hasard — elle devait faire une station juste au-dessus de la cathédrale de Strasbourg. Mais une vulgaire panne s'était mise en travers de ce projet aussi grandiose qu'ingénieux. La déception patriotique fut immense en Germanie, et cette mésaventure humiliante fut racontée délicieusement, dans un journal strasbourgeois, par l'humoriste Haniel, qui lui aussi manie l'allemand pangermaniste à la perfection. C'est sous la forme d'une lettre de Mlle Amanda Knatschke à son amie Ella Lempke, à Stolp (Poméranie), qu'il raconta le sensationnel événement. Ce petit morceau de littérature est tellement amusant, que je ne puis résister au plaisir de vous en donner la traduction :

« Donc, aujourd'hui, ma douce Ella, était le grand jour où le glorieux inventeur allemand, comte de Zeppelin, devait venir à Strasbourg, pour montrer à nos voisins de l'Ouest ce dont est capable la technique allemande, le génie allemand ! Ach ! j'en étais toute la journée tellement surexcitée, que j'en ai mal déjeuné ; et je ne touchai même pas à mon plat favori : du hareng saumoné à la sauce chocolat, pour pouvoir consacrer beaucoup de temps à ma toilette. Je

savais, en effet, chère Ella, que lui,
mon Kurt chéri, serait également de
la fête, et il s'agissait donc de me
faire bien jolie et bien mignonne.

« Bientôt, papa et maman furent
prêts aussi, de sorte que nous pûmes
enfin nous mettre en route pour le
dôme d'Erwin.

« De loin déjà nous saluaient quantité de drapeaux aux splendides cou-
leurs nationales ; mais parmi eux s'en
trouvaient quelques italiens, ce qui
me gâta un peu mon plaisir. Heureusement, je remarquai ensuite que
ces drapeaux étaient aussi des drapeaux allemands, mais dont la couleur noire avait passé au verdâtre.

« En haut, sur la galerie — papa ne
tolère pas que je me serve du mot
welche « plate-forme » — nous ren-
contrâmes beaucoup de connaissances
que je ne puis pas toutes te citer.
Kurt aussi était présent déjà, et son
ami Otto, un garçon tout à fait charmant, je t'assure. Tout à coup, je
remarquai aussi deux indigènes, qui

avaient eu le front de monter jusque
là-haut, et qui me gâtèrent toute ma
journée. Ils s'entretenaient dans un
terrible charabia, au milieu duquel
j'entendis plusieurs fois les mots de
« Nangsi » et « Katorsseschuiliée ».
Il y avait aussi une table dressée,
avec beaucoup de sandwichs, et je
pus même voir des bouteilles de
champagne. Ach ! c'était divin ! Nous
nous entretînmes avec beaucoup d'animation de ce grand jour et attendîmes
l'arrivée du dirigeable.

« A un moment, Kurt me pré-
senta à un monsieur Erich Blanchec ;
et figure-toi, chère Ella, pendant que
je faisais à ce monsieur une gracieuse
révérence, à la vraie manière allemande, voilà que ces deux effrontés
indigènes se mettent à rire, et disent
quelque chose comme d'un manche à
balai dans le dos. Mais attendez, inso-
lents intrus, pensai-je, quand le zeppelin arrivera, vous aurez fini de rire !

« La fanfare des hussards était déjà
réunie depuis un moment et attendait

l'instant solennel qui allait faire battre plus fort tous les cœurs allemands, quand tout à coup se répandit la foudroyante nouvelle, que le zeppelin avait perdu un écrou en route ! L'effet fut écrasant ! Dans ma déception, je priai papa, qui connaît bien le chef de fanfare, de lui donner l'idée de jouer notre hymne splendide : « Allemagne, Allemagne au-dessus de tout », pour vexer les deux indigènes ; mais papa fut d'avis que ce n'était pas le moment.

« Nous étions donc là-haut, après avoir attendu en pure perte pendant trois heures. Et mon hareng saumoné à la sauce chocolat, que pour cela j'avais laissé à la maison sans y toucher ! Et puis les figures narquoises de ces deux individus ! Il y avait de quoi devenir folle ! Non, Ella chérie, plus j'y pense, plus j'en enrage ; aussi tu ne m'en voudras pas, si je termine pour aujourd'hui, pour ne t'écrire de nouveau que dans quelques jours.

« Affectueuses salutations à tante Olga et meilleurs baisers pour toi, de ta fidèle amie,

« Amanda Knatschke. »

C'était donc au mois d'août 1908, et je séjournais à ce moment avec quelques amis près de Saint-Malo, quand le journal nous apporta la nouvelle que ce même zeppelin venait d'être détruit par un accident. Nous en fûmes si réjouis, que je fus chargé d'écrire à ce propos une carte postale à Hansi, à Colmar ; bien entendu, de ma plume la plus pangermanique. En voici la traduction :

« Honoré M. Hansi. D'après ce que prétendent ici quelques chauvins français, il paraîtrait que, la nuit dernière, notre chef-d'œuvre allemand, notre aéronef inimitable et sans rivale, aurait éclaté. Non moins idiote est leur affirmation, que l'idée de la réception antérieure du merveilleux dirigeable, à Strasbourg, par l'air de *Deutschland, Deutschland über Alles*, joué par la musique militaire, serait due uniquement à moi, attendu que, sans la publication de ma prétendue lettre à ce sujet, jamais il n'aurait pu venir aux Allemands une inspiration aussi originale !

« Je vous le dis, tenons notre poudre sèche, car de pareilles choses ne sauraient être tolérées plus longtemps.

« Votre enthousiaste admiratrice.

Et je signai : « Amanda KNATSCHKE. »

Nous ne pouvions nous attendre à une réponse, et cependant, quelques jours après, il en arriva une, également en allemand pangermanique. La voici :

« Mademoiselle Knatschke, Le Minihic, par Paramé (Ille-et-Vilaine, France).

« Très honorée Mademoiselle en Ill et Viläne.

« Mon cordial remerciement de votre aimable missive. Vous avez raison, cela ne peut plus continuer ainsi, et votre précieux assentiment m'encouragera à poursuivre sans relâche le bon combat pour la fidélité allemande et les mœurs allemandes, contre la perfidie welche et les prétentions welches. Je regrette seulement de ne pas vous connaître personnellement ; ne seriez-vous pas, enfin, cet idéal de la gracieuse féminité allemande, que je cherche en vain depuis si longtemps ?

« Votre tout dévoué.

« Professeur Dr KNATSCHKE. »

Il faut convenir que la poste française avait eu du flair. Mais il faut que la poste allemande aussi en ait, du flair, pour avoir laissé passer deux cartes de nature aussi suspecte ! De

fait, le sens de l'observation ne paraît
pas devoir l'étouffer.

Par contre, ce sens de l'observation
ne manque généralement pas aux Alsaciens. J'en étais, un soir, frappé, à
Nancy même. Le jour de l'inaugura-
tion d'un de nos grands cafés, j'étais
allé, avec un de mes amis, comme
tout le monde, en admirer l'installa-
tion. Salle archibondée...

Mais, préalablement, il faut que je
vous dise qu'à Strasbourg, il existe,
près du Broglie, une grande brasserie
appelée le Luxhof, et qui est fréquentée
presque exclusivement par les Boches.
Ceux-ci, comme on sait, ne boivent
guère sans manger un morceau, un
gros morceau, et sans laisser s'éteindre
pour cela leur cigare, leur gros cigare.
Boire, manger et fumer simultané-
ment, tout en écoutant de la musique, telle est la distraction idéale de
tout bon Allemand.

Donc, j'étais assis avec mon compagnon à une petite table, ayant à ma droite un jeune couple silencieux : cela ne pouvait être que des nouveaux mariés en voyage de noces. Ils regardaient autour d'eux sans échanger la moindre réflexion, pendant que je me demandais s'ils venaient d'Épinal ou de Pont-à-Mousson. Enfin, la jeune personne se mit à parler, et à mon grand étonnement, dans le plus pur idiome strasbourgeois. Et elle dit ces simples mots :

— Voilà qui vous a du chic ! Au Luxhof, ils auraient chacun une assiette plantée devant soi.

A quoi son conjoint répondit :

— Tiens, c'est vrai, pourtant !

Esprit d'observation, constatation spontanée de la différence entre deux civilisations.

Et savez-vous quelle eût été la réflexion de Mlle Amanda Knatschke à la place de la jeune Strasbourgeoise ? Elle se serait dit :

— Qu'ils sont pingres, ces Français !

Ils ne s'octroient même pas la jouissance de manger un rollmops en buvant leur bière.

Le don de la riposte immédiate est aussi un heureux apanage de la mentalité alsacienne. Elle se présente volontiers d'une façon flegmatique, qui en rehausse la saveur.

C'est ainsi que j'ai entendu, un jour, un Allemand vanter la puissance de l'Empire allemand, devant un vieux campagnard de la Basse-Alsace. Celui-ci lui laissa finir son boniment, puis, d'une voix lente et tranquille, il lui répondit :

— Voyez-vous, on peut comparer la destinée de toute nation à une échelle double : vous montez par un côté jusqu'en haut, vous enjambez, puis par l'autre côté vous redescendez.

L'Allemand n'avait pas l'air de comprendre ; du moins, il ne réagit pas. S'il vit encore, peut-être ça lui dira-t-il un peu plus à l'heure qu'il est.

✦

Ou bien, cette leçon de politesse : Un Berlinois qui, comme tous les Prussiens, se figurait être un haut personnage en comparaison d'un simple Strasbourgeois « reconquis », passant à côté d'un brave citadin, lui demande brusquement, de ce ton bref qui est devenu particulier au peuple des maîtres de la terre :

— Dites-donc, c'est bien là l'église Saint-Thomas ? wie ? was ? (comment, quoi ?)

Le bonhomme ôte cérémonieusement son chapeau et dit tranquillement :

— Mais, Monsieur, je ne vous ai encore rien répondu du tout !

✦

Ce don de la répartie rend les gens du peuple souvent agressifs. Je l'ai constaté un jour, en montant dans le train, à Strasbourg. Un ouvrier, à l'air maussade, était déjà assis dans le compartiment où je pénétrais. Au moment même où le train s'ébranle, entre un autre ouvrier, qui s'écrie :

— Tiens ! c'est toi ? Où vas-tu ?

Et mon vis-à-vis de répondre aussitôt, en regardant dans le blanc des yeux le contrôleur boche qui venait au même instant poinçonner les billets :

— Dans l'intérieur de la France, pour ne plus voir ce qui se passe ici.

Le contrôleur ne sourcilla pas ; quant au bougon, il descendait à la première station.

Les petites gens, du reste, n'ont pas le monopole de la répartie bien lancée. Témoin ce vieux bourgeois rentrant de Molsheim et qui, dans

son compartiment, tirait de sa poche
un journal français pour prendre patience. Aussitôt, un gros Allemand,
installé dans un autre coin, de s'a-
giter, de s'impatienter et, finalement,
n'y tenant plus, d'interpeller l'inof-
fensif lecteur :

— Vous lisez le *Temps?* Vous pou-
vez lire le *Temps?* Moi, quand j'en
trouve un numéro sur une banquette,
je m'assois dessus.

Le vieux monsieur, par-dessus ses
lunettes, fixe placidement le butor et
lui répond :

— Ah? eh bien, suivez seulement
pendant quinze jours ou trois semaines
ce régime, et vous m'en direz des
nouvelles.

— Comment cela?

— Parbleu, vous aurez le derrière
plus intelligent que la cervelle.

Toujours le plaisir de vexer le
Boche abhorré, autant que possible.

Ainsi, une des conversations favorites des Alsaciens entre eux est de se demander comment ils se comporteront à l'égard des Allemands, le jour où ceux-ci seront forcés d'évacuer le territoire. C'est à qui trouvera la solution la plus ingénieuse. Ils seront chassés administrativement, c'est entendu ; mais il ne faudra pas qu'ils puissent s'en aller, sans que tous ceux qui furent leurs victimes aient la satisfaction d'assouvir, d'une façon quelconque, leurs rancunes accumulées pendant près d'un demi-siècle.

Or, voici le rêve que caressent les Strasbourgeois, nullement sanguinaires. Ils ne demandent qu'à se poster, les uns à côté des autres, le long de la route de Kehl, entre leur ville et le pont du Rhin, et qu'à être armés chacun d'une petite badine, bien flexible.

En outre, ils rêvent d'enlever, dès la nuit suivante, de la place Broglie, l'atroce statue boche du *Vater Rhein*, le patriarche Rhin, plantée dans une sorte de petit abreuvoir qui doit re-

présenter le fleuve impétueux, et de
la transporter discrètement sur l'autre
rive du Rhin ; don généreux et ano-
nyme, auquel les Kehlois ne pourront
manquer d'être sensibles.

En attendant, les Alsaciens, jusqu'au moment où la guerre leur im-
posa le silence des cimetières, fai-
saient de leur mieux pour prendre
patience, jusqu'au jour fermement
espéré de la résurrection française de
leur infortuné pays. Leur régal, c'é-
taient les imprimés divers, sortis de
presses clandestines que la police
boche n'est jamais parvenue à décou-
vrir. Pamphlets et pièces de vers cir-
culaient de main en main, des bras-
series passaient dans les familles, et
toutes les mémoires retenaient avec
soin les morceaux heureusement tour-
nés. J'en ai retrouvé un, rédigé en

« bon » allemand, et dont voici la traduction :

> Seigneur, rends-nous Napoléon,
> Pour qu'il refoule tous les « frères » Schwobs
> Vers leur terre d'élection,
> Et qu'alors le Rhin se sépare en deux,
> Pour que les hautes colonnes d'eau
> Se dressent comme des murs de roc.
> Quand ensuite toute la horde allemande
> Se sera engagée dans ce gouffre du Rhin,
> Alors, ô Seigneur, fais se rejoindre les parois,
> Et l'Alsace aura de nouveau sa tranquillité.

Si déjà avant 1870 les Alsaciens, comme nous l'avons vu, préconisaient la destruction de toute la race d'outre-Rhin, quoi d'étonnant qu'après l'annexion l'expression de ce vœu se soit exaspérée jusqu'au lyrisme !

Ce n'est, du reste, pas uniquement au détriment de leurs ennemis éternels que les Alsaciens se plaisent à exercer leur verve caustique. A l'occasion, ils ne se ménageront pas non plus entre eux. Par exemple, tout comme les romantiques avaient en horreur le philistin, de même les Alsaciens ne peuvent souffrir ceux de leurs compatriotes dotés par la nature d'une bêtise exagérée et qui étalent cette qualité négative avec une trop solennelle suffisance. A Strasbourg, ils sont élevés de droit à la dignité de « membres de la Commission de la porte de Saverne ».

La porte de Saverne traversait, en un long et sombre boyau sinueux, toute l'épaisseur des anciens remparts. Or, il incombait aux membres de ladite Commission de s'arc-bouter et de pousser contre les parois de structure vaubanesque de ce boyau sinueux, jusqu'à ce qu'il fût devenu rectiligne.

En général, le fond du tempérament alsacien est l'esprit frondeur, agressif et narquois ; à toute époque, les autorités constituées, les hommes politiques, pour peu qu'ils ne fussent pas jugés suffisamment libéraux au gré de la population, en ont fait la cuisante expérience. Les périodes électorales, en Alsace, étaient le plus souvent assez chaudes, notamment sous le second Empire, et surtout ensuite sous le régime allemand. Quels que fussent l'intolérance, le cynisme, la cruauté de celui-ci, toujours la sérénité de la population a su se maintenir, grâce à la gaîté alsacienne, signe extérieur de son énergie et son refuge inexpugnable contre l'adversité.

Pour un peu j'allais oublier de citer, parmi les dons naturels des Alsaciens, l'esprit d'à-propos. Je me bornerai à un seul exemple, tout récent.

C'était le 23 août dernier, à la gare de Dijon. Une quarantaine de permissionnaires alsaciens, tous zouaves

et tirailleurs, venant de l'autre bord
de la Méditerranée, descendaient des
portières de leur train pour se dé-
gourdir les jambes sur le quai, au
moment même où un troupeau de
prisonniers boches défilait devant le
commissaire de gare. La tenue déla-
brée de ces prisonniers, leurs uni-
formes crottés, tachés et lamentable-
ment rapiécés, permettaient à peine de
reconnaître en eux des officiers, ces officiers naguère si fringants, si sanglés, si
orgueilleux, si pleins de morgue inso-
lente et dédaigneuse. Et, pourtant,
c'était l'état-major, au grand complet,
du régiment prussien qui venait d'être
fait prisonnier, tout entier, au Mort-
Homme, le 20 août; le colonel, les
chefs de bataillon, les capitaines, les
lieutenants, les sous-lieutenants, tous
se prêtaient fort humblement à l'in-
terrogatoire traditionnel.

En voyant devant eux ces loqueteux
qui personnifiaient si éloquemment
l'état actuel de toute l'armée allemande, le sang de nos excellents

Alsaciens ne fit qu'un tour, et — serait-ce parce qu'ils se trouvaient à Dijon ? — la moutarde leur monta au nez. Toute leur rage de victimes de cette caste diabolique d'officiers malhonnêtes et sans honneur, pillards et voleurs, enpoisonneurs et asphyxieurs, toutes leurs rancunes d'expatriés, dont les parents restés en Alsace gémissaient encore sous un joug odieux, toutes leurs fureurs trop longtemps impuissantes, explosèrent comme un coup de foudre.

Sans qu'ils eussent eu besoin de se donner le mot, d'un seul bloc, ces Alsaciens se précipitèrent autour du groupe misérable des officiers boches et les invectivèrent dans leur propre langue, ou du moins en langue alsacienne, comme savent invectiver les Alsaciens du peuple, quand ils éprouvent le besoin de soulager leur colère. C'était le plus opulent vocabulaire d'injures, un torrent d'apostrophes plus formidables les unes que les autres, et dont on n'a pas besoin de saisir littéralement le sens pour en apprécier toute l'énergie. Et l'on put voir ces chefs, naguère si hautains et maintenant si déprimés, se montrer moins stupéfiés par ce flot d'imprécations, que soucieux de sauver leur peau. Il fallut l'intervention persuasive de la force armée, pour mettre un terme à cette impayable tragi-comédie.

Et voilà pour l'esprit d'à-propos du peuple alsacien.

Ce qui venait de se passer là n'était sans doute pas très réglementaire, ni même peut-être très correct. Mais que ceux d'entre nous qui, à la place de ces patriotiques Alsaciens d'Afrique, n'en auraient pas fait autant ; qui n'auraient pas profité d'une aussi superbe occasion de se payer la tête d'un lot de Boches triés sur le volet, que ceux-là leur jettent la première pierre !

Certaines âmes chevaleresques pourraient aussi reprocher, à ces Alsaciens, d'avoir insulté sans risques des ennemis rendus inoffensifs. Évidemment, au point de vue chevaleresque, leur geste laisserait à désirer, s'ils avaient eu affaire à des hommes. Mais l'Allemand, après qu'il a passé par son École de guerre pour en sortir officier, n'est plus un homme, mais une bête féroce, sans honneur et sans loyauté.

On ne ménage pas généreusement le tigre ; on l'abat, même quand il n'est plus en état de se défendre. C'est donc tout au plus un péché véniel qu'on pourrait reprocher à nos Alsaciens.

Mais, Dieu merci ! l'Alsacien sait aussi braver des risques quand il s'agit pour lui de proclamer ses sentiments patriotiques, de crier ses aversions.

Voici ce que vient de me raconter, à cet égard, une dame alsacienne, de nationalité française, retenue en Alsace jusqu'en 1916. Passant à Barr, elle a vu successivement défiler, dans les rues de ce chef-lieu de canton, les conscrits de Barr et des communes du Hohwald et d'Epfig, et tous, les uns après les autres, chantaient en chœur le chant militaire boche qui commence par ce vers :

Siegreich wollen wir Frankreich schlagen,

ce qui signifie :

Victorieusement, nous voulons battre la France.

Ayant exprimé son étonnement de cette prédilection pour la même chanson, on fit remarquer à cette dame que tous les chanteurs avaient modifié ce premier vers de la façon suivante :

Siegreich wollen wir.... man darf's nicht sagen,

et la différence est « colossale », car,
ainsi camouflé, cela veut dire :

Victorieusement, nous voulons..., on n'a pas
le droit de le dire.

Or, l'altération de ce premier vers
avait pour effet de renverser complè-
tement, au bénéfice de la France, le
sens de la chanson tout entière.
Aussi était-elle chantée par ces jeunes
gens avec un entrain remarquable.

Et les passants, à qui cette subtilité
n'échappait pas, sans doute parce
qu'ils y étaient déjà habitués, en
paraissaient radieux.

Je n'ai pas besoin de vous faire
remarquer que ces jeunes gens s'ex-
posaient à la prison, pour le moins ;
ils couraient donc un risque grave,
ceux-là ! Mais c'était leur manière à
eux de prendre en patience la servi-
tude à laquelle ils se voyaient con-
traints. Ils proclamaient ainsi, crâne-
ment, ouvertement, leur amour pour
la France qu'ils ne connaissaient pas,

et plus encore, sans doute, leur aversion pour l'Allemagne exécrée.

Je suis heureux d'avoir pu vous apporter ici, pour terminer, ce nouveau témoignage, encore inédit, de l'attachement profond, indéfectible, du peuple d'Alsace pour sa véritable patrie : la France bien-aimée.

TABLE DES MATIÈRES

ACHEVÉ D'IMPRIMER

LE 16 FÉVRIER MIL NEUF CENT DIX-HUIT

PAR BERGER-LEVRAULT

A NANCY